Supplément réalisé avec la collaboration de
Dominique Boutel, Nadia Jarry
et Anne Panzani

traduit par Camille Fabien

ISBN : 2-07-031225-9
Titre original : Louis Braille,
the boy who invented books for the blind
Publié par Scholastic Book Service
© Margaret Davidson, 1971, pour le texte
© Editions Gallimard, 1983, pour la traduction
et les illustrations et 1990, pour la présente édition
Numéro d'édition : 49677
Premier dépôt légal : mai 1983
Dépôt légal : septembre 1990
Imprimé en Italie par La Editoriale Libraria

Louis Braille,
l'enfant de la nuit

MARGARET DAVIDSON ILLUSTRÉ PAR
ANDRÉ DAHAN

GALLIMARD

Louis Braille

C'était une belle matinée de printemps ; Louis était assis sur les marches de la véranda devant la maison et mille choses se passaient autour de lui : des nuages ventrus se promenaient dans le ciel bleu, un oiseau construisait son nid dans un arbre tout proche, une vache passait dans le pré voisin, un lièvre détalait, et une coccinelle cheminait lentement sur une herbe. Pourtant, Louis Braille ne voyait rien de tout cela. Ce petit garçon était aveugle.

Il ne l'avait pas toujours été. Comme les autres, durant les trois premières années de sa vie, Louis avait vu les arbres, les champs, la rivière, le ciel et les rues de Coupvray, la petite ville où il vivait. Il avait vu sa mère et son père, son frère et ses sœurs et la petite maison de pierre qu'ils habitaient.

Le père de Louis était sellier. « Le meilleur de France », se plaisait-il à dire. A des kilomètres à la ronde, on commandait à Simon Braille des selles et des harnais pour les chevaux. Louis aimait écouter les conversations, les plaisanteries et les rires des clients, mais il aimait mieux encore les voir partir. Son père mettait alors le gros tablier de cuir et commençait son travail.

Louis était trop petit pour l'aider, il n'avait que trois ans. Mais il savait déjà que, plus tard, il serait sellier comme son père !

De gros rouleaux de cuir s'entassaient à côté de l'établi ; des rangées d'outils étaient accrochées le long du mur. Des outils pour tordre le cuir, pour le tendre, pour le couper ou pour y faire des trous. Des couteaux, des maillets, des poinçons, des alênes — Louis les connaissait tous.

Et il était impatient de pouvoir s'en servir.

« Ils sont trop coupants, disait son père, trop dangereux pour les mains d'un petit garçon. Tu comprends, Louis ? »

Louis ouvrait de grands yeux. La voix de son père était tellement sévère.

« Oui, papa, disait-il.

— Alors promets-moi de ne pas y toucher.

— Je te le promets. »

Mais les promesses sont parfois difficiles à tenir.

Par une chaude journée d'été, Louis allait et venait devant la maison. Il ne savait pas quoi faire. Tout le monde était occupé. Trop occupé pour se soucier de lui.

Bien sûr, il aurait pu jouer tout seul, mais il n'avait justement pas envie de jouer tout seul. Il essaya bien d'aider sa mère au jardin mais à trois ans, il n'est pas toujours facile de faire la différence entre les bonnes et les mauvaises herbes.

« Oh ! Louis, s'écria sa mère, voilà la troisième carotte que tu arraches. C'est gentil de m'aider, mais ne pourrais-tu pas aider quelqu'un d'autre ? »

Mais les autres non plus ne voulaient pas de Louis, et il s'ennuyait de plus en plus. Finalement, il se retrouve devant l'atelier de son père. Une forte odeur de cuir flottait dans l'air. Prudemment, il regarda à l'intérieur, et s'approcha de l'établi. Juste au milieu se trouvait un grand morceau de cuir. Tout à côté, une alêne — un long outil pointu servant à trouer le cuir. Louis savait bien qu'il ne devait pas y toucher.

Pourtant, il prit l'alêne et commença à faire des trous. Le cuir était glissant et l'alêne dérapa, s'échappa des mains de l'enfant — elle plongea dans l'œil de Louis.

Louis hurla. Sa mère arriva en courant, le prit dans ses bras et baigna son œil. Le médecin vint aussi vite qu'il le put. Mais l'œil de Louis avait été gravement touché. Il s'infecta. Louis le frottait et le frottait encore, et l'autre œil s'infecta. Puis il y eut comme un rideau grisâtre devant les yeux de Louis. Il voyait encore mais faiblement, de plus en plus faiblement.

Un jour il vit à peine le soleil à travers la fenêtre, et le lendemain il ne le vit plus du tout.

Louis était trop petit pour comprendre ce qui lui arrivait. « Quand est-ce que ce sera le matin ? » demandait-il sans cesse. Cette question était une torture pour ses parents, mais la réponse qu'ils n'osaient pas lui donner l'était plus encore. « Jamais plus. »

Louis Braille serait à jamais aveugle.

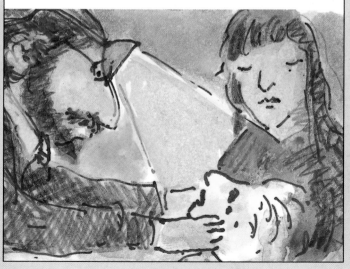

Le petit garçon aveugle

De nos jours, les enfants aveugles vont à l'école. Ils apprennent à lire et à écrire. Ils peuvent faire beaucoup de choses comme les autres enfants et, quand ils sont grands, ils exercent toutes sortes de métiers.

Cela n'a pas toujours été ainsi. Au début du XIXᵉ siècle, à l'époque où Louis Braille était petit, les enfants aveugles n'allaient presque jamais à l'école. Livrés à eux-mêmes, ils n'apprenaient ni à lire ni à écrire.

Une fois adultes, leur sort ne s'améliorait pas. Le travail était rare pour les aveugles. Certains d'entre eux, telles des bêtes de somme, étaient employés à tirer de lourdes charges. D'autres remplissaient les chaudières dans des usines. Mais l'immense majorité d'entre eux était réduite à mendier.

Les mendiants aveugles étaient nombreux au temps de Louis Braille. On les voyait aux coins des rues, le long des routes de campagne, vêtus de haillons. Ils dormaient au hasard des jardins publics et des porches d'églises. Parfois, ils parvenaient à réunir assez d'argent pour se payer un repas, mais souvent ils se nourrissaient de déchets, et plus souvent encore, ils restaient l'estomac vide — en espérant des jours meilleurs.

Coupvray n'était pas une grande ville, mais elle avait son mendiant aveugle. Il était arrivé un jour, on ne savait trop d'où et s'en irait probablement comme il était venu.

Les Braille voulaient être sûrs que cela n'arriverait jamais à leur fils. Ils voulaient que Louis soit aussi heureux que possible.

Au début ce ne fut pas facile. Pauvre Louis. Toute sa vie avait été chamboulée. Il se cognait partout et ses parents avaient sans cesse envie de lui crier : « Attention ! Méfie-toi ! Arrête ! » La plupart du temps, ils ne le faisaient pas. Ils souffraient de le voir se faire mal, mais ils voulaient qu'il parvienne à se débrouiller seul, qu'il ne grandisse pas comme d'autres enfants aveugles — trop effrayés pour bouger.

Il aurait été facile de gâter Louis. Tout le monde avait pitié de lui. Mais sa mère et son père souhaitaient qu'il vive comme tout le monde, dans la mesure du possible, donc ils le traitaient comme tout le monde — dans la mesure du possible.

Louis était aveugle, mais il n'en avait pas moins des tâches à accomplir. Son père lui apprit comment polir le cuir avec du cirage et un chiffon doux. Louis ne voyait pas le cuir devenir brillant, mais il le sentait s'adoucir, jusqu'à ce que ses doigts lui disent que le travail était terminé. Puis Simon fit faire à son fils des franges de cuir qui, joliment colorées, servaient d'ornement aux harnais.

Dans la maison, Louis aidait sa mère. Il mettait la table et savait très exactement où poser les assiettes, les verres et les plats. Tous les matins, il allait au puits remplir un seau d'eau. Le seau était lourd, et le sentier rocailleux. Parfois, Louis tombait et l'eau s'échappait. Persévérant, il retournait alors au puits pour remplir à nouveau son seau.

Ensuite, Simon Braille fit une canne pour son fils. Une longue canne pointue. Louis apprit à balancer sa canne devant lui en

marchant ; et quand la canne heurtait quelque chose, il savait qu'il fallait faire un détour.

Parfois, Louis sentait qu'il s'approchait d'un obstacle — un mur, une clôture, une porte — sans même avoir utilisé sa canne. C'est en chantant qu'il s'en rendait compte. « Quand je chante, je vois mon chemin bien mieux », aimait-il à dire.

Il avait tout simplement appris à faire ce que les chauves-souris font instinctivement. Presque aveugles, les chauves-souris peuvent voler dans l'obscurité la plus complète sans jamais rien heurter. Pour cela, elles se servent du son. Quand elles volent, elles émettent des sons aigus ; si ces cris rencontrent quelque obstacle solide, un faible écho leur en revient, leur indiquant qu'il est nécessaire de changer de direction. Si le champ est libre, les sons se perdent dans le vide. Louis était en train d'utiliser le même système.

Le jeune garçon apprenait de plus en plus de choses. Il s'enhardissait, le son de sa canne — tap, tap, tap — s'entendait de plus en plus dans les rues pavées de Coupvray. Parfois, il se perdait, mais cela devenait rare. Louis apprenait à vivre par signes.

Il savait qu'il était près de la boulangerie en sentant la chaleur du four et les odeurs appétissantes du pain. Il pouvait désigner toutes sortes de choses par leur forme et par le toucher. Mais le plus important restait les sons.

Le tintement que faisait la cloche de la vieille église, l'aboiement du chien des voisins, le chant du merle sur un arbre proche, le gargouillis du ruisseau. Cet univers de bruits lui racontait tout ce qu'il ne pouvait voir.

Louis aimait tout particulièrement rester assis sur les marches devant la maison et appeler par leur nom les passants. Il ne se trompait presque jamais. Comment pouvait-il distinguer autant de personnes différentes, lui demandait-on souvent. « C'est très facile », disait-il.

Une charrette à deux roues ne fait pas le même bruit qu'un chariot à quatre roues, et le clic-clac d'un attelage de chevaux est différent du boum-boum d'une paire de bœufs.

Les gens aussi avaient leurs sons. Une personne toussait d'une voix grave, une autre avait l'habitude de siffloter entre ses dents, une autre encore claudiquait légèrement. « Ne voyez-vous pas, disait Louis, tous ces détails qui distinguent les gens — si seulement on y prête attention ? »

L'ami intime

Parfois Louis surprenait des réflexions qu'il aurait préféré ne pas entendre, qu'il faisait mine de ne pas avoir entendues : « Voilà ce pauvre Louis Braille. Quelle pitié ! »

Louis détestait cette compassion. Il ne voulait pas qu'on le plaigne, surtout pas. Il se savait différent mais rien de plus, même si, en grandissant, il le supportait de moins en moins bien.

Il y avait tant de choses qu'il ne pouvait faire ! Il ne pouvait pas jouer à cache-cache, ni à chat perché. Il ne pouvait pas courir à la rencontre d'un ami, ni se faufiler avec des camarades dans les sous-bois pour se cacher dans un coin secret. Tout le monde aimait Louis dans le village, mais cela ne remplaçait pas un ami intime ou une bande de copains.

Louis avait toujours été bavard et rieur mais, petit à petit, il devint triste et silencieux. « A quoi penses-tu ? lui demandaient ses parents.

— A rien », répondait Louis.

Quand Louis eut six ans, un nouveau curé, le père Jacques Palluy, arriva au village de Coupvray. Il allait changer bien des choses dans la vie de Louis.

Le nouveau curé, désirant faire la connaissance de ses paroissiens le plus rapidement possible, se rendit dans chaque maison et se présenta chez les Braille. « Quelle pitié, dit-il, en voyant l'air intelligent de Louis, qu'un tel esprit reste sans formation. »

Le Père Palluy eut une idée. Louis aimerait-il venir au presbytère pour des leçons — disons trois ou quatre fois par semaine ?

S'il aimerait ? Louis était si enthousiaste qu'il oublia de dire oui. C'est ainsi que Louis s'en alla — tap, tap, tap — tous les matins vers l'église en haut du village. Par beau temps, Louis et le père Palluy restaient au jardin. Si le temps était mauvais, ils s'installaient à l'intérieur.

A l'ombre de l'église, Louis découvrait l'histoire, les sciences et le mouvement des étoiles. Le plus souvent, le père Palluy racontait à Louis des passages de la Bible, des histoires d'hommes bons, d'hommes méchants, d'hommes courageux et de fous. L'aveugle se souviendrait toute sa vie de ces histoires.

Louis aimait ces leçons, mais le curé était un homme très occupé et parfois il manquait de temps. En outre, le père Palluy n'était pas instituteur, et Louis posait de plus en plus de questions auxquelles il était difficile de répondre.

C'est ainsi que le père Palluy rendit visite à Antoine Bécheret, le nouvel instituteur de Coupvray. Ne pourrait-il accepter Louis comme élève ?

Antoine Bécheret n'avait jamais enseigné à des enfants aveugles. Il ne sut pas, tout d'abord, s'il avait bien raison de le faire. A quoi cela servirait-il à un garçon aveugle d'apprendre tant de choses ? Cela pourrait même lui faire du mal, lui donner des ambitions vaines. Et puis, était-ce bien autorisé par le règlement ?

« Il a une telle envie d'apprendre, dit le curé.

— C'est bien possible, dit l'instituteur, mais ne prendrait-il pas la place d'un autre enfant, d'un enfant voyant ? »

L'école était toute petite, elle ne comportait qu'une seule classe.

« Vous avez peut-être raison, soupira le curé, en s'en allant.

— Attendez ! dit-il au curé, ne partez pas si tristement ! J'ai vu votre jeune ami aveugle. Il est vraiment tout petit, on lui trouvera bien une place quelque part. »

De ce jour, un petit voisin passa prendre Louis tous les matins. La main dans la main, ils allaient à l'école, une école bien différente de celles d'aujourd'hui. Les garçons étaient placés d'un côté, les filles de l'autre. Les classes duraient de 8 heures du matin jusqu'à 5 heures du soir, avec une seule pause pour le déjeuner.

Comme ces journées étaient longues ! Les autres écoliers s'agitaient parfois. Ils remuaient, chuchotaient ou rêvassaient.

Louis essayait de rester aussi tranquille que possible et il écoutait de toutes ses oreilles. Il le fallait. C'était la seule façon pour lui d'apprendre.

Sa mémoire avait toujours été bonne, elle devint encore meilleure. Louis n'oubliait pratiquement jamais ce qu'avait dit l'instituteur, même après des mois.

Louis résolvait des problèmes arithmétiques dans sa tête aussi vite que les autres élèves le faisaient sur le papier. Hélas ! quand l'instituteur disait : « Allez, les enfants, prenez vos livres », le cœur de Louis devenait lourd, car alors il ne pouvait rien faire.

Parfois Louis passait sa main sur les hostiles pages lisses. Il savait que des mots y étaient imprimés, des mots qui se dérobaient. Louis était assez grand pour deviner toutes les richesses que les livres renfermaient, des

richesses qui ne lui seraient probablement jamais accessibles.

Louis avait envie de connaître tant de choses, il avait tant de questions à poser ! Les gens autour de lui étaient gentils et aimables, mais ils n'avaient pas toujours le temps de lui répondre. « Attends ! » disaient-ils. Louis maudissait ce mot. Si seulement il pouvait apprendre par lui-même. Si seulement il pouvait lire ! Il devait bien y avoir un moyen ! Le père Palluy était préoccupé par l'avenir de Louis. Le garçon avait maintenant dix ans et serait bientôt trop âgé pour l'école du village. S'il voulait continuer ses études, il fallait qu'il trouve une autre école, une école pour aveugles, mais une telle école existait-elle ?

Le père Palluy se renseigna. Il entendit parler d'une école à Paris. L'Institut royal pour enfants aveugles. Serait-ce l'endroit qu'il

fallait à Louis ? Plus le père Palluy y réfléchissait, plus il pensait qu'il avait raison.

L'école enseignait toutes sortes de matières : l'arithmétique, la grammaire, la géographie, l'histoire, la musique. Elle préparait également les enfants aveugles à un métier manuel qu'ils pourraient exercer par la suite. Mais le plus important était que les élèves y apprenaient à lire. Le père Palluy ne savait pas comment, tout ce qu'il savait, c'est que cela se faisait avec les mains.

Très enthousiaste, il n'en parla cependant pas tout de suite aux Braille. Il ne voulait pas leur faire une fausse joie. Il fallait d'abord s'assurer que l'école accepterait Louis.

Pour multiplier les chances, le père Palluy alla voir l'homme le plus riche et le plus puissant du village, le marquis d'Orvilliers. Le marquis ne pourrait-il pas écrire une lettre en faveur de Louis, insister sur son intelligence, sur son ardent désir d'apprendre ? Le marquis

promit de le faire et la réponse vint peu de temps après.

Le père Palluy cria presque de joie en la lisant. L'Institut acceptait de prendre Louis Braille !

Il était temps d'annoncer la bonne nouvelle à la famille. En l'entendant, Louis bondit de joie. Il allait enfin pouvoir apprendre à lire ! Il allait pouvoir apprendre tout ce qu'il voulait par lui-même !

L'enthousiasme de son père et de sa mère était bien plus modéré. « Il est heureux ici », dit madame Braille. Simon Braille l'approuva.

« Je sais, dit le curé, mais Louis grandit. Tous les ans il se différencie davantage des autres enfants. Et puis, il a tant besoin d'étudier ! »

Les Braille hochèrent la tête. Ils savaient que c'était vrai, ils étaient néanmoins inquiets. Ils désiraient le bien de Louis, mais ils avaient peur. Paris était à 40 kilomètres de

Coupvray, Louis devrait y rester pendant des mois. Il ne pourrait rentrer que pour les vacances d'été.

Leur fils n'avait que dix ans et il était aveugle. Pourrait-il affronter la grande ville sans leur aide ?

Pour sa part, Louis ne ressentait pas la moindre appréhension. Tout ce qui lui importait, c'étaient les livres. Tous les livres qu'il pourrait lire, tout seul ! Il s'approcha à tâtons de son père.

« Papa, dit-il, s'il te plaît ! »

Le changement

Simon Braille ne disait toujours ni oui ni non. Il écrivit d'abord à l'Institut. Il avait beaucoup de questions à poser. Les réponses durent le satisfaire, car il finit par dire oui. Et c'est ainsi que, par une froide journée de février 1819, Louis grimpa dans la diligence et prit le chemin de l'école.

L'école, cependant, n'était pas du tout telle que Louis l'avait imaginée. Le premier jour fut un cauchemar, il y avait trop de monde et trop de bruit. Près d'une centaine d'élèves aveugles vivaient dans l'Institut. Louis fut présenté à tous, l'un après l'autre. Il tenta de retenir leurs noms, mais tous ces noms ne cessaient de se mélanger dans sa tête. Louis n'avait jamais eu autant de camarades d'école, et jamais il ne s'était senti aussi seul.

La journée finie, Louis se retrouva dans son étroit lit de pensionnaire, au milieu d'une longue rangée de lits semblables au sien. Il était fatigué, mais il ne pouvait pas dormir. Il ressentait une impression étrange, comme s'il avait avalé quelque chose de froid et dur.

Durant les dix années de sa vie, le petit Louis n'avait jamais quitté ses parents — c'était cette séparation qui lui serrait la gorge. Finalement, il enfouit sa tête dans l'oreiller et se mit à pleurer.

« Ne pleure pas, dit une voix dans le lit voisin. Tiens. » Louis sentit qu'on lui mettait un mouchoir dans la main.

« Vas-y. Souffle, dit encore la gentille voix, ne te sens-tu pas mieux ? »

La voix s'était rapprochée. Louis sentit que

son lit s'incurvait parce que quelqu'un s'y était assis.

« Je m'appelle Gabriel. Gabriel Gautier. Et toi ?

— Louis — Louis Braille, dit Louis entre deux sanglots.

— Ecoute, Louis, dit Gabriel, tu as simplement le cafard des nouveaux. Tout le monde l'a, au début. Moi aussi, je l'ai eu.

— Tu... tu l'as eu aussi ?

— Oui. Mais ça passe. Dors maintenant. Demain tu te sentiras mieux. Attends, tu verras. Bonne nuit, dit doucement Gabriel depuis son propre lit.

— Bonne nuit. »

Et Louis se pelotonna sous sa couverture, il sourit même un peu, car il se sentait vraiment mieux. Il avait trouvé son premier ami.

Cette amitié lui fut d'un inestimable secours durant les semaines qui vinrent. Louis était un petit campagnard, il avait grandi au soleil et au grand air. En ville, tout lui parut encombré et sale. Il était habitué à la propreté ; en été il se baignait tous les jours dans le ruisseau voisin. En hiver, sa mère avait en permanence une grande bassine d'eau chaude en réserve. Mais à l'Institut, il n'y avait qu'une seule salle de bains pour tous les élèves qui n'avaient droit qu'à un seul bain par mois !

La vieille bâtisse était si grande ! L'interminable enchevêtrement de couloirs et d'escaliers où Louis se perdait sans cesse n'avait rien de commun avec la petite maison de Simon Braille. Trouverait-il jamais son chemin dans ce vieux tas de pierres ?

Le pire, c'était l'humidité. L'école se trouvait tout à côté d'une rivière, et l'air était constamment froid et humide. En arrivant à l'Institut, Louis avait de bonnes joues roses, mais il ne tarda pas à devenir aussi pâle que les autres élèves dont beaucoup souffraient d'une toux sèche chronique.

Louis pensait sans cesse à ses parents et à sa maison de Coupvray. Pourtant, petit à petit, les choses s'amélioraient. Louis s'habitua à l'école et aux étranges façons citadines. Il apprit à se mouvoir dans la vieille bâtisse. Il se fit de nombreux amis et fut trop occupé pour avoir le mal du pays ou pour être triste. Il avait des leçons du matin au soir.

La grammaire, la géographie, l'histoire, l'arithmétique, la musique — Louis aimait tout.

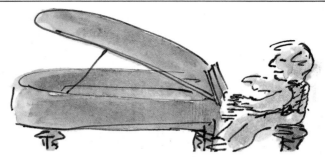

A dix ans, Louis Braille était l'élève le plus jeune de l'école, mais il ne tarda pas à être le premier de sa classe. « Ce garçon a les plus grandes facilités, écrivit un de ses professeurs, il n'est presque jamais nécessaire de lui répéter quelque chose. »

Tous les après-midi, les élèves allaient en tâtonnant jusqu'à l'un des ateliers. Ils y tricotaient des bonnets et des moufles, confectionnaient des pantoufles en paille et en cuir, tressaient de longs fouets pour les chevaux et les bœufs. Louis avait aidé son père pendant des années et cet apprentissage se révéla utile. Il était adroit de ses mains et gagna même un prix de tricot et de fabrication de pantoufles.

L'heure préférée de Louis, c'était, en fin d'après-midi, celle de la leçon de musique.

Tous les élèves apprenaient à jouer d'un instrument. Louis en apprenait plusieurs, avec une préférence pour le piano. Il aimait appuyer sur les touches et en entendre le son — joyeux ou mélancolique.

Les petits aveugles ne pouvaient affronter seuls les rues encombrées de Paris. Ils restaient donc la plupart du temps à l'intérieur de l'école. Tous les jeudis, cependant, ils faisaient une promenade en ville. Il n'était pas facile de guider un si grand nombre d'aveugles dans les rues de la capitale, aussi l'école avait-elle mis au point une tactique ingénieuse : un des professeurs tenait le bout d'une longue corde, les élèves se mettaient à la file derrière lui et la longue cordée de garçons aveugles serpentait dans les rues.

Les enfants savaient qu'ils devaient avoir l'air drôle, mais ils s'en amusaient eux-mêmes en se baptisant sans la moindre honte « la bande à la corde ».

Les rues animées firent d'abord peur à Louis. Elles étaient si différentes des tranquilles chemins campagnards ! Des cloches, des sirènes de bateau, des carrosses et des chariots dans toutes les rues et toutes les avenues. C'était vraiment trop bruyant !

Et les gens ! Il y en avait tant et tant ! Ils vous poussaient, vous bousculaient, couraient partout ! Pourquoi étaient-ils tous si pressés ? A Coupvray, personne ne courait ainsi !

Bientôt Louis sut distinguer les bruits de la ville. Il apprit à connaître les églises de Paris par le son de leurs cloches, et les bateaux sur la Seine par le bruit de leurs sirènes. Un « croc-croc » sur le pavé de la rue indiquait le passage d'un soldat, et un doux « chchch » celui d'une dame vêtue d'une robe de soie.

Louis connaissait déjà le chant des oiseaux campagnards. Il apprit le bruit des ailes des pigeons et le son que faisaient leurs pattes sur les trottoirs de la ville.

Des mois passèrent, dans une activité intense. Louis était de plus en plus heureux à l'école.

Une seule chose le préoccupait, mais elle était d'importance. Louis avait bien des leçons de lecture, mais cela ne ressemblait en rien à ce qu'il avait imaginé. En 1820, il n'existait qu'une seule méthode de lecture pour aveugles : les lettres en relief. Chaque lettre de l'alphabet apparaissait en relief et c'est ainsi que les lecteurs suivaient les lignes du bout des doigts. Cela n'était pas, et de loin, aussi simple qu'il y paraît.

Certaines lettres étaient faciles à reconnaître, d'autres étaient impossibles à distinguer. Les O ressemblaient aux Q ou aux C. Les I se révélaient être des T et les R étaient souvent des B.

Louis était entêté. Il suivait les lettres sans se décourager jusqu'à ce qu'il pût les distinguer. Puis, il s'attaqua aux mots.

Mais que c'était long ! Louis était l'un des élèves les plus intelligents de l'école. Pourtant, même lui oubliait parfois le début d'une phrase quand il en était arrivé à la fin. Il lui fallait alors tout recommencer depuis le début. Il fallait des mois pour lire un livre entier de cette manière.

« Ce n'est pas de la lecture, dit-il un jour, ce n'est qu'un faux-semblant.

— C'est tout ce que nous avons, répondit le professeur, il y a des années que nous cherchons quelque chose de mieux. »

Louis savait bien que c'était vrai. Il savait que bien des méthodes avaient été proposées. Des lettres en relief et des lettres en creux, des lettres en pierre, en ficelle, en cire ou en bois. Quelqu'un avait même fait un alphabet avec des pointes d'aiguilles. Louis essaya d'imaginer une page d'aiguilles !

Puis Louis apprit que la bibliothèque de l'école contenait en tout et pour tout quatorze livres ! Quatorze ! La raison en était que chaque livre devait être imprimé à la main ; les livres étaient lourds, raides et difficiles à classer. Chaque lettre devait avoir au moins sept centimètres de haut pour que les doigts des aveugles puissent la distinguer. Il n'y avait donc que peu de mots par page.

Louis se rendit compte qu'il n'y aurait jamais que très peu de livres accessibles aux aveugles. Il fallait trouver une autre méthode. Il devait bièn y en avoir une ! Il ne pensait plus qu'à ce problème et il ne parla plus guère d'autre chose. Ses amis en eurent assez.

« Oh ! arrête, Louis ! lui disaient-ils.

— Mais c'est tellement important, expliqua Louis. Ne vous rendez-vous pas compte que sans livres nous ne pourrons jamais vraiment vivre ! Imaginez de quoi nous serions capables si nous avions la possibilité de lire ! Médecins, avocats ou savants ! Ecrivains même ! Nous pourrions faire n'importe quoi !

— Très bien, dit l'un des garçons. Nous aussi nous aimerions lire. Trouve un moyen, puisque tu es si intelligent !

— Je ne peux pas, dit Louis, je suis aveugle ! »

Un jour de printemps de l'année 1821, l'Institut eut la visite du capitaine Charles Barbier. Le capitaine Barbier avait mis au point une méthode de transmission de messages que ses soldats utilisaient dans l'obscurité. Le capitaine pensait que cette méthode pourrait être utile aux aveugles.

L'écriture de nuit se faisait au moyen de points en relief. Chaque mot était découpé en sons et à chaque son correspondait une série de points différents. Les points s'inscrivaient sur une épaisse feuille de papier à l'aide d'un stylet. En retournant le papier, on suivait du doigt les points ainsi mis en relief.

Des points ! Les jeunes aveugles furent tout de suite très enthousiastes. Les points étaient utiles à tant de choses. D'abord, ils étaient tout petits, on pouvait en mettre une quantité étonnante sous le bout d'un seul doigt. Et on les sentait si bien !

Hélas, on se rendit compte que bien des obstacles subsistaient. On ne pouvait pas écrire de majuscules, par exemple, ni de chiffres. On ne pouvait indiquer les signes de ponctuation. Il fallait beaucoup de place, et la méthode était difficile à apprendre.

L'écriture de nuit pouvait suffire à des soldats qui devaient transmettre des messages aussi rudimentaires que « avancez » ou « l'ennemi est derrière vous », mais elle était insuffisante pour transcrire des livres entiers, comportant beaucoup de mots.

La méthode était inutilisable, soit, mais les points ne l'étaient peut-être pas. Cette idée ne quitta plus l'esprit de Louis durant les jours qui suivirent. Il en rêvait même la nuit, et bientôt il décida de s'y mettre lui-même : il allait inventer une méthode qui permettrait aux aveugles de lire pour de bon. Et d'écrire. Avec des points.

Ce serait rapide et facile. De toute manière, il allait s'y employer de tout son cœur. Son courage était immense, on ne le voyait pratiquement jamais sans ses « outils ». Partout il emportait de grosses feuilles de papier, un carton, pour les y poser, et un stylet. Le capitaine Barbier apprit bientôt que

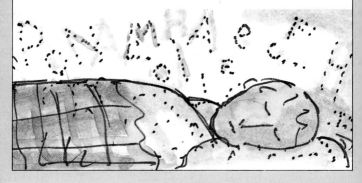

quelqu'un essayait d'améliorer son « écriture de nuit ». Il se rendit à l'Institut pour connaître cette personne.

Louis était très enthousiaste à l'idée de rencontrer le capitaine Barbier, l'homme qui avait inventé l'écriture de nuit, celui qui, le premier, avait communiqué grâce à des points. Le capitaine aimerait-il son idée ? Il l'espérait vivement, mais les choses se passèrent mal dès le début. Les sourcils du capitaine se soulevèrent d'étonnement quand il vit apparaître Louis. Il s'attendait à rencontrer un homme et non pas un garçon de douze ans ! Louis ne voyait pas l'étonnement du capitaine, mais il entendit bien la froideur de sa voix.

« On me dit que vous avez amélioré ma méthode ? dit le capitaine.

— Oui, oui, monsieur, répondit Louis.

— Alors ?

— Monsieur ? dit Louis, gêné.

— Expliquez, expliquez ! »

Louis tenta d'expliquer, mais plus il parlait,

et plus il se rendait compte que le capitaine
ne l'écoutait pas.

Cependant, il continua.

« M... monsieur, il y a une chose qu'il
faudrait améliorer. Il faudrait trouver une
façon d'écrire des mots toujours de la même
manière.

— Pourquoi ? » dit le capitaine.

Sa voix était glaciale.

« Pour... pour avoir des livres... beaucoup
de livres.

— Pourquoi ? » dit encore le capitaine.

Le capitaine ressemblait à beaucoup de
gens de cette époque. Il plaignait les aveugles.
Il n'aurait jamais été méchant envers eux,
mais il ne croyait pas qu'ils pouvaient être
aussi intelligents que les autres — les voyants.
Selon lui, les aveugles devaient se contenter
de choses simples, telles que pouvoir lire des

notes, des directives. Pourquoi diable auraient-ils eu besoin de lire des livres !

« C'est tout ? dit le capitaine.

— Oui... Louis chuchota presque.

— Très intéressant, conclut sèchement le capitaine, j'y réfléchirai. »

Mais Louis ne se faisait pas d'illusions. Le capitaine Barbier était orgueilleux. Il avait l'habitude de donner des ordres et d'être obéi. Il aurait pu accepter de telles idées venant d'un homme, mais d'un enfant ? Un petit garçon ? Non, il n'aimait pas cela, pas du tout même.

Le capitaine Barbier dit encore quelques mots, très froids. Puis la porte claqua. Il était parti.

Louis soupira. Il savait qu'il ne fallait pas compter sur le capitaine. Il devrait travailler seul.

L'alphabet de points

Louis ne perdait pas une minute. Même en vacances, chez ses parents, il travaillait à son écriture. Souvent, sa mère lui préparait un repas de pain, de fromage et de fruits et il s'en allait vers une colline ensoleillée. D'autres fois, il restait assis sur le bord de la route, penché sur son papier et son carton. « Voilà Louis qui fait ses travaux d'aiguilles », disaient les voisins en passant. Que faisait-il ? Etait-ce un jeu qu'il aurait inventé pour se distraire ? Louis ne donnait pas d'explication. Il continuait à cribler ses feuilles de petits points.

Si, à Coupvray, Louis pouvait consacrer tout son temps à ses expériences, à l'école en revanche c'était plus difficile. Il y avait tant d'autres choses à faire, les cours, les ateliers, la musique, les devoirs. Il fallait aussi prendre ses repas avec les autres — et s'il ne le faisait pas, on venait le chercher pour qu'il rejoigne ses camarades.

Malgré tout cela, Louis trouvait le temps de travailler à son idée. Il grappillait chaque instant inutile : avant le petit déjeuner, entre les cours, après dîner. Et tard dans la nuit.

C'était le meilleur moment. Les élèves dormaient et tout était calme. Des heures durant, penché sur son carton, Louis essayait toutes les combinaisons de points. Parfois, il était fatigué au point de s'endormir assis, et souvent le passage des livreurs de lait sous les fenêtres le surprenait en plein travail. C'était donc déjà le matin ! Il avait encore travaillé la nuit entière ! Il se pelotonnait alors sous les couvertures et dormait une ou deux heures avant de se lever en bâillant, pour le petit déjeuner et le premier cours.

Les amis de Louis étaient de plus en plus inquiets.

« Tu ne dors jamais !

— La moitié du temps tu oublies de manger.

— Et pour quoi ? Pour un mirage, voilà pour quoi ! lui dit un de ses camarades.

— Peut-être avez-vous raison », répondait Louis gentiment.

Et il continuait son travail.

Des années passèrent. Des années de travail, d'essais et d'insuccès. Louis était parfois fatigué au point de ne pouvoir lever la main, et de s'abandonner au découragement.

Il avait simplifié la méthode de points du capitaine Barbier maintes fois. Mais elle n'était pas encore assez commode.

Il était toujours aussi difficile de lire les points.

Les autres avaient-ils raison ? Etait-ce vraiment un mirage ? Des hommes intelligents, des hommes importants, des hommes sages avaient essayé et, tous, ils avaient échoué. De quel droit croyait-il pouvoir faire mieux ? « Parfois je me dis que je me suiciderai si je ne réussis pas », avoua un jour Louis à Gabriel.

Puis Louis eut une autre idée. Une idée qui paraissait toute simple, une fois énoncée. L'écriture de nuit du capitaine Barbier était fondée sur les sons. Mais il y avait tant de sons en français ! Parfois il fallait une centaine de points pour transcrire un simple mot. C'était nettement trop pour les suivre avec les doigts. Mais si on utilisait les points d'une autre manière ? Et si on ne transcrivait pas les sons mais les lettres de l'alphabet ? Il n'y en avait que 26, après tout.

Louis était aux anges, certain d'avoir raison, et son ardeur redoubla. Les choses prirent une tout autre figure.

Tout d'abord, Louis, au crayon, fit six points sur une feuille de papier. Il appela cet ensemble une cellule.

Voici le dessin :

Il chiffra chaque point de la cellule :

Puis il prit son stylet et enfonça le point numéro 1, voici un A :

Il enfonça les points 1 et 2,
voici un B :

Les points
1 et 4 seraient un C :

Louis fit une lettre après l'autre. Et quand il eut fini, son alphabet apparut comme ceci :

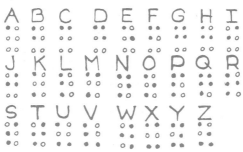

Il passa ses doigts sur son alphabet. C'était tellement simple. Louis Braille, qui avait alors quinze ans, aurait voulu rire et chanter et crier et pleurer. Toutes les lettres de l'alphabet étaient transcrites par six points — disposés de différentes façons, c'était tout ! Il savait que les gens qui voyaient n'y prêteraient pas attention, mais ce n'était pas le but de la méthode. Elle devait être sentie ! Rapidement. Facilement. Et cela était devenu possible.

Des diverses manières de dire non

Louis était à Coupvray quand il termina son alphabet. Il avait tellement hâte d'être de retour à l'école pour le montrer à ses camarades ! Que diraient-ils ? Leur plairait-il ?

Louis ne fut pas déçu. Les élèves aimèrent son alphabet dès le début.

« C'est tellement simple.

— C'est si facile à utiliser.

— Et si petit — je peux sentir plein de signes sous mes doigts.

— Nous pouvons écrire — nous allons pouvoir nous écrire des lettres.

— Et tenir un journal.

— Nous pourrons prendre des notes en classe.

— Et les relire plus tard.

— Et des livres, dit Louis, n'oubliez pas les livres. On en aura de toutes les sortes, rien que pour nous. »

La nouvelle de l'alphabet se répandit rapidement à l'école. Le directeur fit appeler Louis.

« Dites-moi, dit le Dr Pignier, qu'est-ce que c'est que cet alphabet de points dont j'entends tant parler ?

— S'il vous plaît, monsieur, si vous voulez bien lire quelque chose à haute voix, je vais vous montrer. »

Le Dr Pignier prit un livre et commença à lire, lentement.

« Vous pouvez lire plus vite, monsieur, » dit Louis. Sa main volait sur la feuille, la criblait de points. Quand le directeur s'arrêta de lire, Louis retourna le papier. Il passa légèrement ses doigts sur les rangées de points en relief. Puis il relut chaque mot — rapidement, facilement — sans faire une seule faute.

« C'est étonnant, murmura le Dr Pignier. Etonnant. Quel âge avez-vous, mon garçon ?

— Quinze ans, répondit Louis.

— Quinze ans. Et penser que des hommes ont cherché un tel alphabet pendant des siècles — et c'est un de mes garçons qui l'a trouvé ! Quinze ans ! C'est étonnant ! »

Louis était très fier. Il pouvait poser la question la plus importante.

« Monsieur, quand allons-nous commencer à faire des livres ? »

Le Dr Pignier se tut pendant un long moment. Que se passait-il ? Enfin il parla.

« Vous êtes bien jeune, Louis », dit-il.

Louis fronça les sourcils. Qu'est-ce que cela signifiait ? Le Dr Pignier commença une explication. L'Institut était une œuvre de bienfaisance — il ne disposait d'aucun budget. Une partie des fonds venait du gouvernement, une autre était fournie par les donateurs. Mais rien n'était prévu pour la fabrication des livres.

« Monsieur, dit Louis, ne pouvez-vous écrire à ces gens, ceux qui ont de l'argent ? Ne pouvez-vous leur expliquer l'utilisation de mon alphabet, leur dire le peu d'argent qu'il faudrait pour faire des livres ?

— Je le ferai, dit le Dr Pignier. Mais, Louis, ne vous faites pas trop d'illusions. Certaines choses demandent du temps, beaucoup de temps. »

Le Dr Pignier écrivit lettre sur lettre. Il écrivit à des hommes riches, il écrivit à des hommes importants, il écrivit à ceux qui avaient passé leur vie à travailler pour les aveugles. Les réponses arrivaient, une à une.

Certaines étaient longues à venir, d'autres l'étaient moins. Certaines finissaient gentiment, mais toutes disaient la même chose : non.

Il y avait ceux qui refusaient tout changement. Pourquoi changer la méthode ? Celle en usage avait été utile pendant longtemps.

Ceux qui avaient déjà donné de l'argent pour la fabrication des anciens livres écrivaient avec fureur : « Et voilà que vous me dites qu'ils ne sont plus bons à rien. Je pense qu'ils le sont toujours. Vous n'aurez plus d'argent de ma part. »

Le directeur d'une autre école pour aveugles, qui éprouvait une certaine jalousie, écrivit : « Vous n'utiliserez votre méthode qu'une fois que je serai mort. » Il craignait que l'alphabet de Louis ne fût meilleur que celui qu'il était en train d'inventer.

D'autres, moins catégoriques, ne dirent ni oui ni non. « Cela paraît intéressant, écrivait-on, je m'en occuperai aussitôt que possible ! » Mais quand ? La semaine prochaine ? Le mois d'après ? Ou jamais ? Ces correspondants n'étaient pas contre l'alphabet

de Louis. Ils étaient simplement trop occupés pour se soucier des problèmes des aveugles.

Le temps passait sans que rien arrivât. Les élèves continuaient à se servir de l'alphabet de Louis, mais ils n'étaient qu'une centaine. Et pour les millions d'autres aveugles à travers le monde, qu'en était-il ? Louis ne cessait d'y penser.

Il essaya de rester optimiste. Mais cela n'était pas toujours facile. Ses pensées étaient parfois amères. Son alphabet était bon. Il l'avait prouvé. Mais personne ne s'y intéressait.

Plus de trois ans s'écoulèrent ainsi. A dix-neuf ans, Louis eut son certificat de fin d'études, mais il ne quitta pas l'école.

Le Dr Pignier l'avait observé pendant des années. Il l'avait vu devenir un homme. Tous les ans, Louis Braille avait eu un prix — que ce soit en grammaire, en histoire, en géographie, en arithmétique, pour le piano ou même pour les travaux manuels. Il savait que Louis se faisait obéir tout naturellement. Il aimait plaisanter et raconter des histoires. Et, de plus, il savait écouter les autres.

Le Dr Pignier proposa donc à Louis un poste de professeur à l'Institut.

Professeur ! Louis accepta avec plaisir. Car avant tout, il voulait rester à Paris. C'est à Paris que se trouvaient les personnes qui pourraient peut-être l'aider. Si seulement elles le voulaient. Et puis, Louis aimait l'école et les élèves. Il s'y sentait chez lui.

Il n'allait pas gagner beaucoup d'argent, une quinzaine de francs seulement, mais, professeur, Louis aurait le droit de sortir quand il le voudrait sans demander la permission à qui que ce soit. Et, pour la première fois de sa vie, il avait une chambre à lui. Il mit un certain temps à s'habituer au silence.

Louis aimait enseigner et le faisait très bien.

D'abord il passa beaucoup de temps à préparer ses cours. Chaque soir, il restait devant son bureau en réfléchissant à ce qu'il allait dire le lendemain. Puis il nota ses réflexions au moyen des points.

Jamais il ne bégayait, ni ne se reprenait, ni n'oubliait ce qu'il voulait dire. Dès le début, tout le monde accepta le jeune professeur et il gagna la confiance de tous.

Au temps de Louis, les professeurs n'étaient pas censés être particulièrement gentils ou patients. Et de fait, ils ne l'étaient pas. Ils criaient, parlaient fort et se moquaient des élèves peu doués. Ils pensaient que le savoir était avant tout une affaire de dressage.

Louis était persuadé du contraire. « Il était d'une fermeté pleine de gentillesse », écrivit

plus tard un ami. Louis ne se moquait jamais des élèves, aussi lents et peu doués fussent-ils, et il était particulièrement gentil avec les plus jeunes. Louis avait passé un grand nombre d'années à l'école, mais il n'avait jamais oublié ce qu'un « nouveau », timide et abandonné, pouvait ressentir.

Louis aimait sa vie de professeur. Mais, comme toujours, il travaillait trop. Il enseignait beaucoup de matières. Il passait de longs moments avec ses amis. Il ne refusait jamais d'aider un élève à faire ses devoirs, ou d'écouter quelqu'un lui raconter ses difficultés.

Tous les jours, il faisait de la musique pendant plusieurs heures. Depuis son entrée à l'école, il n'avait cessé de pratiquer le piano,

puis l'orgue. Il était devenu un très bon organiste. En 1833, il fut nommé organiste de Saint-Nicolas-des-Champs, l'une des églises les plus importantes de Paris. On disait que Louis pourrait devenir quelqu'un de vraiment célèbre, à condition de se consacrer uniquement à la musique.

Louis adorait la musique. Elle lui inspirait des sentiments très profonds et, toute sa vie, elle fut une partie importante de sa personnalité. Mais il y avait quelque chose de plus important encore : son alphabet.

Louis était en train de mettre au point une méthode de transcription de notes de musique et de chiffres. Il passait beaucoup de temps à transcrire des livres pour la bibliothèque de l'école ; des amis l'aidaient parfois en les lui dictant.

C'était un travail lent et difficile. Des heures et des nuits entières, Louis alignait des points sur du papier, jusqu'à ce que son dos endolori et ses doigts gourds l'obligent à se reposer. Il était impossible qu'il continuât à travailler autant. Il commença à se sentir fatigué. Certains jours il n'arrivait pas à quit-

ter son lit. Au début, il essaya de ne pas l'admettre. « Tout ce qu'il me faut, c'est une bonne nuit de sommeil, se disait-il. Le matin, je me sentirai mieux. » Mais souvent, au contraire, il se sentait bien plus mal. Monter un escalier sans s'arrêter était au-dessus de ses forces et les élèves de sa classe devaient tendre l'oreille — sa voix était devenue si faible.

Parfois, tout son corps brûlait de fièvre. D'autres jours, il tremblait de froid. Mais le pire était la toux. Elle devenait de plus en plus inquiétante.

Un matin, Louis toussa au point de ne pouvoir se lever. Le médecin arriva et hocha la tête en entendant cela. Il resta silencieux pendant un long moment. Il n'avait pas envie de dire ce qu'il avait à dire. Enfin il demanda :

« Savez-vous ce qui ne va pas chez vous ?

— Oui », chuchota Louis, car il avait cessé de se cacher les choses.

Louis Braille n'était pas médecin, mais il connaissait les symptômes. Et puis, d'autres personnes à l'Institut souffraient du même mal, l'air était si humide. Il avait la tuberculose — une maladie des poumons.

« On dit que le grand air et le repos font du bien », dit le médecin.

Louis savait, aussi bien que le médecin, que l'on ne guérissait pas de la tuberculose à cette époque. La maladie se calmait parfois, mais elle revenait toujours.

Louis resta immobile après le départ du médecin. Il était trop triste. Pourquoi fallait-il que cela lui arrive ? Il n'avait que vingt-six ans. Il ne voulait pas mourir ! Que deviendrait son alphabet ?

Finalement, il prit une décision. Toute sa vie il s'était battu. Il n'allait pas se laisser vaincre par cette maladie. Peut-être ne vivrait-il pas longtemps. Mais il profiterait de sa vie le plus possible.

Difficultés

Louis suivit les ordres du médecin. Il dormait de longues heures et mangeait tout ce qu'on lui servait. Dès qu'il se sentit un peu mieux, il passa des heures au grand air. Petit à petit, ses forces lui revinrent et il put enfin reprendre ses cours.

Le temps passait. Louis était heureux pour bien des raisons : l'enseignement, la musique, les amis. Mais son alphabet n'avançait toujours pas.

Louis n'était pourtant pas le seul à se battre. Toujours prêt à l'aider, le directeur de l'Institut était de ses alliés.

A force d'économies, le Dr Pignier réussit à avoir suffisamment d'argent pour imprimer un livre sur l'alphabet de Louis. Tous deux y travaillèrent ensemble. Ils le voulaient parfait.

Une fois achevé, Louis en fut très fier et l'intitula : *procédé pour écrire les paroles, la musique et le plain-chant au moyen de points à l'usage des aveugles et disposés pour eux.* Un titre aussi sérieux irait certainement droit aux personnes intéressées par l'alphabet.

Le Dr Pignier envoya des exemplaires à un grand nombre de personnalités. Mais les mois passèrent et tout ce que Louis en reçut, ce furent des remerciements polis, quand il recevait quelque chose.

Un jour, dans une diligence, Louis, qui allait rendre visite à ses parents, rencontra une jeune femme aveugle. Louis passa les heures qui suivirent à lui expliquer sa méthode et à lui enseigner la lecture des points. La jeune femme était très enthousiaste.

« Apprenez-le à d'autres », dit Louis.

Elle répondit qu'elle le ferait. Mais le fit-elle vraiment ? Louis n'en sut jamais rien.

Louis n'aimait pas s'adresser à des inconnus. Pourtant, dans ces années-là, il parla à beaucoup de monde. Il parlait à quiconque était susceptible de pouvoir l'aider. La nuit, quand il ne pouvait pas dormir, Louis se souvenait parfois de leur réponse :

« Vous êtes très jeune, monsieur Braille...

— Il faut du temps pour tout, monsieur Braille...

— Il faut comprendre, monsieur Braille...

— Il faut être patient, monsieur Braille... »

Patient ! Louis aurait voulu crier quand il entendait ce mot. Il n'avait pas le temps d'être patient. Il avait à peine trente ans, mais il avait souffert de tuberculose et s'affaiblissait d'année en année. De combien de temps disposait-il encore ?

En 1841, le pire arriva. Louis avait eu bien des déceptions, mais il était sûr d'une chose, son alphabet serait employé à l'Institut grâce à l'amitié du Dr Pignier.

Mais celui-ci quitta l'Institut. Le nouveau directeur, le Dr Dufau, était très différent. Sévère et froid, il n'aimait pas faire d'expériences. Il se méfiait de ce qui était nouveau ou différent, et n'aimait donc pas l'alphabet de Louis. Au début néanmoins, il permit aux élèves de continuer à se servir de ces « petits points idiots » comme il se plaisait à dire.

Louis retomba malade. Jour après jour, il gardait le lit, toussait interminablement.

C'était l'hiver de Paris, si froid et si humide. Le médecin fut clair : « Si vous restez ici, monsieur Braille, vous serez mort dans quelques semaines. »

Il n'y avait pas à hésiter. Il allait rentrer à Coupvray — pas pour des vacances, mais pour essayer de survivre.

« Je serai bientôt de retour », dit Louis, aussi gaiement qu'il le put. Mais ses amis avaient du mal à retenir leurs larmes, persuadés qu'ils ne le reverraient sans doute jamais.

Une fois encore, Louis surprit tout le monde. Il se remit. Il y fallut six mois, mais

Louis put retourner à Paris, impatient de retrouver ses vieux camarades, ses élèves et son travail. Immédiatement, Louis sentit que quelque chose ne tournait pas rond. Ses amis étaient trop silencieux. Ses élèves parlaient de tout, sauf d'une chose.

« Que se passe-t-il ? » demanda Louis.

Le Dr Dufau avait pris de l'assurance, une fois Louis parti. D'abord il avait interdit aux élèves d'utiliser son alphabet en classe. Ensuite, il l'avait interdit partout. « Même dans le dortoir », dit l'un d'entre eux à voix basse.

Une seule question restait à poser :

« Que sont devenus mes livres ? »

Chacun comprit qu'il s'agissait des livres que Louis avait patiemment transcrits pour les donner à la bibliothèque de l'école. Il y eut un long silence.

« Il les a brûlés.

— Tous ?

— Tous. »

Louis eut un sursaut. « Tous mes livres détruits. »

Il s'éloigna en tâtonnant.

Les semaines suivantes furent les pires de la vie de Louis. Il donnait ses cours. Il mangeait. Il dormait. Mais c'était comme dans un rêve — un mauvais rêve.

Son corps était épuisé. Et son esprit l'était aussi. Il savait qu'il ne pourrait continuer ce combat impossible.

Heureusement, les élèves tinrent bon. L'alphabet était interdit, mais ils refusèrent de l'abandonner. Le Dr Dufau confisqua tout — le papier épais et les stylets qu'il trouvait. Mais les élèves trouvèrent des subterfuges —

des aiguilles à repriser, des aiguilles à tricoter, des clous même — et ils continuaient à se servir de l'alphabet de Louis.

Les anciens enseignaient aux nouveaux venus comment se servir de l'alphabet, la nuit dans les dortoirs. Chacun écrivait son journal et ils se passaient des petits mots. Les élèves savaient qu'ils étaient punis quand ils étaient pris. On les privait de dîner. On leur appliquait des coups de règle sur les doigts. Mais ils ne cédèrent pas.

Un grand nombre de professeurs voyants étaient d'accord avec le Dr Dufau. Eux non plus n'aimaient pas l'alphabet de Louis. Parfois par pure paresse. Ils savaient lire et n'avaient pas envie d'apprendre une autre méthode. Pourtant, la plupart d'entre eux avaient peur. Et si cet alphabet allait se répandre ? Si un grand nombre de livres étaient imprimés de la sorte ? Alors cette école et d'autres écoles du même genre pourraient être dirigées par des professeurs aveugles. Et eux, que deviendraient-ils ?

Heureusement, l'un des enseignants n'était pas de cet avis. Le Dr Joseph Gaudet était un nouveau venu. Il fut témoin de ce conflit entre le directeur et les élèves, et plus il observait tout cela, plus il aimait cet alphabet. « Vous pouvez donner l'ordre à ces garçons de ne pas s'en servir, dit-il au Dr Dufau. Mais je pense qu'un jour viendra où tous les aveugles se serviront de l'alphabet de Louis Braille. »

Le Dr Dufau écouta. Il commençait à être fatigué de cette lutte qu'il semblait ne jamais pouvoir gagner.

« Et si l'alphabet parvient à s'imposer, continua Gaudet, ne voudriez-vous pas être l'homme qui a aidé ses débuts ? »

C'était séduisant ! Le Dr Dufau était ambitieux — il aimait être du côté des gagnants. Par ailleurs, il était en train de comprendre que s'il pouvait brûler des livres et interdire l'usage d'une méthode, il lui était parfaitement impossible d'empêcher ses élèves de penser. Ou de leur faire oublier quelque chose qu'ils désiraient ne pas oublier.

C'est ainsi que le Dr Dufau changea complètement d'avis. Les élèves pouvaient de nouveau se servir de l'alphabet de Louis. Partout. A tout moment.

Et ce n'était pas tout.

La démonstration de l'alphabet

Le vieux bâtiment de l'école était sale et délabré. Depuis des années, il menaçait de tomber en ruine. Mais finalement, on avait trouvé de l'argent pour bâtir une nouvelle maison et l'Institut déménagea.

Le Dr Dufau prépara soigneusement la cérémonie d'inauguration. De nombreuses personnalités furent invitées, des enseignants, des savants, des membres du gouvernement. Il y aurait bien sûr des discours. Mais le clou de la cérémonie serait l'explication de l'alphabet Braille.

Louis Braille, en compagnie des autres professeurs, s'installa sur l'estrade. Il prit place sur son siège au moment même où commençait la cérémonie. On entendait les spectateurs se tourner et se retourner dans leur fauteuil.

Il y eut tout d'abord les allocutions. La plupart d'entre elles étaient interminables. On

entendit des murmures dans l'assistance.
« Qu'ils se dépêchent avec leurs discours »,
pensa Louis.

Vint enfin son tour. Tout d'abord, Joseph
Gaudet lut un papier expliquant l'alphabet.
Le public ne cessait toujours pas de se tourner et de se retourner dans les fauteuils, ni de
murmurer. Alors, le Dr Dufau amena une
fillette aveugle sur le devant de l'estrade. Elle
avait de grands yeux noirs et de longs che-
veux bouclés. Le public fit silence. C'était
déjà mieux que toutes ces parlotes.

Le Dr Dufau ouvrit un livre et commença à lire. La petite fille se tenait à côté de lui et écrivait chaque mot en alphabet Braille. Lorsque le Dr Dufau eut terminé sa lecture, il fit signe à la petite fille en lui touchant l'épaule. Très vite, elle passa ses doigts sur les rangées de points saillants qu'elle venait de faire et répéta mot pour mot ce qui venait d'être lu.

Le public était impressionné. Des gens se levèrent pour applaudir. Quelques-uns refusèrent d'en croire leurs oreilles. Cela leur semblait impossible.

« Il y a un truc ! dit quelqu'un.

— Oui, elle connaissait ce texte par cœur. »

Un truc ? Les applaudissements se firent moins nourris. Mais avant qu'ils n'aient tout à fait cessé, Louis se leva d'un bond, rejoignit à tâtons le Dr Dufau qui l'écouta attentivement. Puis il hocha la tête et se leva.

Il écarta les bras et dit d'une voix forte.

« Attendez, mes amis, attendez un instant. Donnez-moi quelques minutes et je vous prouverai que ce que vous avez vu n'est pas une supercherie. »

Le public fit silence. Louis eut un soupir de soulagement. Ils patientaient quelques instants tout au moins.

Le Dr Dufau appela aussitôt deux enfants aveugles. Il fit sortir de la salle l'un des enfants. L'autre resta à côté de lui.

« Maintenant, dit le Dr Dufau, quelqu'un aurait-il l'obligeance de monter sur l'estrade ? N'importe qui fera l'affaire. »

Finalement un homme s'avança. Le Dr Dufau lui présenta une pile de livres.

« Choisissez-en un, n'importe lequel, dit-il ; et ouvrez-le à la page que vous voudrez. Puis lisez ce que vous voudrez. »

L'homme se mit à lire et l'enfant écrivit chaque mot en alphabet Braille. Alors, on appela l'autre enfant et on le fit revenir dans la salle. Le Dr Dufau lui donna le nouveau texte inscrit en points saillants.

« Voudrais-tu lire ce qui est écrit là ? » demanda-t-il.

Le jeune garçon hocha la tête. Ses doigts couraient légèrement sur le papier et, d'une voix bien claire, il lut le texte en le répétant mot pour mot.

Cette fois-ci, il ne pouvait plus y avoir de doute ! Le public se leva et applaudit.

Enfin !

Louis en aurait presque poussé des cris de joie.

Les dernières années

La partie la plus difficile du combat avait enfin été gagnée. Il était temps. Louis avait vécu tant d'années avec la tuberculose — ses phases violentes et ses accalmies — qu'elle le laissait à présent très faible, une fois de plus. A nouveau, il se dit qu'il irait bientôt mieux. Il s'était toujours dit cela. Mais cette fois c'était différent.

En 1844, Louis abandonna l'enseignement. Il n'avait que trente-cinq ans mais il passait le plus clair de son temps au lit. La lutte pour faire triompher son alphabet serait désormais menée par d'autres que lui, par des hommes plus forts.

Louis, cependant, continuait à se tenir au courant et, pour la première fois, on lui donnait quelques bonnes nouvelles. L'Institut recevait de plus en plus de lettres qui demandaient des renseignements sur l'alphabet en points saillants. On commençait à l'appeler l'alphabet « Braille » et Louis aimait cela.

Quelques professeurs se servaient de cet alphabet dans d'autres écoles pour aveugles. En 1847, on fabriqua la première machine à imprimer le braille. Désormais, les livres en points saillants pourraient être faits mécaniquement.

Ainsi, les années passèrent, les dernières années. Louis devait maintenant vivre au ralenti. Lorsqu'il se sentait assez bien pour cela, il donnait quelques cours de piano à des enfants. Parfois, dans son lit, il transcrivait des textes en points saillants, fabriquait des livres pour la bibliothèque de l'Institut. Il continuait à travailler et à rêver au développement de son alphabet.

La chambre de Louis était souvent pleine d'amis qui venaient lui rendre visite. Ils riaient et bavardaient avec lui. Louis Braille avait beau être cloué au lit, il n'en était pas moins l'un de ceux qu'on aimait le plus dans toute l'école. « Il aurait tout sacrifié pour n'importe lequel d'entre nous, écrivit plus tard l'un de ses amis, son temps, sa santé, tout ce qu'il possédait. »

Louis ne parlait jamais de tout ce qu'il faisait pour les autres. « Il ne voulait jamais qu'on le remercie. »

Sur son bureau, il y avait une petite boîte noire remplie jusqu'au bord de feuilles de

papier : c'étaient des reconnaissances de dettes. Mais Louis écrivit dans son testament : « Détruisez cette boîte lorsque je serai mort. »

Un jour de décembre 1851, un jour froid et humide, Louis attrapa un rhume. Ce n'était qu'un simple rhume, mais il était si faible qu'il ne parvenait pas à en guérir. Sa fièvre monta de plus en plus. Sa toux empira.

Tous ses amis vinrent à son chevet. Ils s'efforçaient de lui dire qu'il irait bientôt mieux. Mais Louis se contentait de hocher la tête. Il savait ce qui l'attendait — il avait souvent été si près de la mort. « Inutile de faire semblant », disait-il d'une voix douce.

Louis n'avait pas peur de la mort. Un prêtre vint prier avec lui et l'aider à s'y préparer.

« J'ai approché la plus grande des félicités », dit-il après la visite du prêtre.

Mais Louis Braille aimait aussi la vie. « J'ai demandé à Dieu de m'enlever au monde, c'est vrai. Mais je crois que je n'ai pas insisté beaucoup ! »

Le 6 janvier 1852, la pluie tomba toute la journée. Le vent soufflait tout autour de la maison. La tempête empira d'heure en heure. Le tonnerre et les éclairs emplirent le ciel. On aurait dit un combat de géants, au-dehors.

Louis se tourna vers la fenêtre et sourit. Toute sa vie n'avait-elle pas été un combat ? Puis il ferma les yeux pour toujours.

Louis Braille était mort et ses nombreux amis en furent profondément attristés. Il était peu connu de son vivant, aucun journal ne publia la nouvelle de sa mort. Pourtant, aujourd'hui, son nom est célèbre dans le monde entier. Il avait été un simple professeur. Il n'avait pas gagné beaucoup d'argent. Mais les aveugles du monde entier le bénissent de leur avoir fait l'un des plus précieux cadeaux du monde : l'alphabet Braille.

L'alphabet de Louis fit son chemin. Timidement d'abord, puis de plus en plus sûrement. Aucun enfant aveugle n'oubliera jamais la découverte des petits points sous ses doigts. Ils ont aidé à répandre le savoir. Une infinité de livres sont sortis des presses Braille. L'alphabet Braille a été traduit dans toutes sortes de langues, même le chinois.

Six ans après la mort de Louis, la première école pour aveugles d'Amérique commença à

employer son alphabet. Dans les trente années qui suivirent, pratiquement toutes les écoles européennes pour aveugles l'employèrent.

En 1887, les habitants de Coupvray lui érigèrent un monument au milieu de la place du village. Sur l'un des côtés de la haute colonne de marbre apparaît l'alphabet Braille accompagné des mots : « A Braille les aveugles reconnaissants ». De l'autre côté un bas-relief montre Louis expliquant à un enfant comment lire avec les doigts. Le monument se trouve toujours sur cette place où Louis Braille jouait quand il était petit, la place Braille.

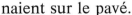

En 1952, cent ans après sa mort, les cendres de Louis Braille furent solennellement transférées au Panthéon. Dans le cortège qui suivait le cercueil, on reconnut une certaine Helen Keller. Il y avait aussi une multitude d'aveugles, dont les cannes blanches résonnaient sur le pavé.

FIN

Louis Braille
l'enfant de la nuit

Supplément illustré

Test

Quel est, de la vue et de l'ouïe, le sens le plus développé chez toi ? Pour le savoir, choisis pour chaque question la solution que tu préfères. *(Réponses page 102)*

1 **Tu rencontres par hasard quelqu'un que tu n'as pas vu depuis longtemps :**
● tu le reconnais immédiatement
▲ il te semble avoir déjà entendu cette voix quelque part
■ il te dit son nom, et la mémoire te revient

2 **Le soir, tu aimes t'endormir en :**
▲ fermant les yeux pendant qu'on te raconte une histoire
● lisant un roman
■ jouant à ton jeu préféré

3 **Tu te souviens du concert auquel tu as assisté récemment :**
● c'était beau à voir, tous ces instruments ensemble !
▲ la musique résonne encore dans ma tête
■ chic ! je me suis couché tard

4 "Je suis allé au coiffeur", dit un homme balafré :

▲ tu remarques la faute de français

● tu remarques la balafre

■ tu ne parles pas à des inconnus

5 Pour retenir ta leçon d'histoire :

● tu lis le texte silencieusement en te concentrant

▲ tu écoutes attentivement le cours en classe

■ tu prends des notes sur ce qui te semble important

6 Avec tes cinquante francs d'économies, tu t'achètes :

▲ une cassette pour ton magnétophone

■ un jeu de construction

● un beau livre

7 Laquelle de ces trois occupations préfères-tu ?

● regarder la télévision

▲ jouer avec la bande FM sur ta radio

■ habiller ta poupée ou monter ton train électrique

8 La nouvelle maîtresse te plaît car :

● elle est bien habillée

■ elle ne donne pas trop de devoirs

▲ elle a une voix douce

Informations

■ Des hommes et des découvertes ■

Tout comme Louis Braille, de nombreux inventeurs et chercheurs ont dû lutter contre des idées reçues pour faire comprendre puis imposer leurs découvertes. Que ce soit dans le domaine de la médecine, dans celui de la physique, de la chimie ou des sciences en général, ces découvertes ont changé la vie des hommes et ont bien souvent modifié leur comportement.

Au siècle dernier, la vie dans les villes et dans les campagnes était très différente de celle que nous menons actuellement. Des maladies qui nous semblent bénignes aujourd'hui étaient alors dangereuses. Un simple rhume pouvait infecter les poumons et provoquer une pneumonie. Une rougeole pouvait entraîner la mort. Les épidémies frappaient aveuglément sans que l'on en connaisse la raison.

94

■ **La lutte contre les microbes**

Dans une petite ville du Jura, en 1822,
naît Louis Pasteur qui consacrera sa vie entière
à la biologie - la science qui étudie les êtres
vivants. Il découvre que certaines maladies
sont dues à toutes sortes de microbes que
les gens transportent sur leurs mains,
sur leurs vêtements ou sous leurs ongles.
Les médecins étaient eux-mêmes porteurs
de microbes, qu'ils véhiculaient de malade
en malade ; ils manquaient d'hygiène.
Il a trouvé le moyen de réduire et d'atténuer
l'agressivité des microbes puis d'en protéger
le corps grâce à des vaccins. C'est ainsi qu'il y a
un peu plus de cent ans le jeune Joseph Meister
a pu échapper à la rage. Il avait été mordu par
un chien enragé et Pasteur, grâce à son vaccin,
a réussi à le sauver. C'est à lui également
que l'on doit la *pasteurisation* : pour détruire
les microbes contenus dans les liquides
qui fermentent (le lait par exemple),
on les chauffe puis on les refroidit
brusquement. Cette découverte
a permis de transporter
des produits *pasteurisés*
sans qu'ils s'abîment.

Illustration : J.L. Besson,
Le livre des découvertes,
Découverte Cadet

■ La découverte de la pénicilline

Nous sommes en Angleterre en 1928,
sir Alexander Fleming travaille au laboratoire
de l'hôpital Sainte-Marie à Londres.
Il observe des multitudes de microbes,
les *staphylocoques*. Il les étudie avec attention
lorsqu'un jour il constate qu'une moisissure,
tombée probablement d'un morceau de pain,
a envahi et sali sa boîte de staphylocoques.
Il regarde de plus près et c'est la surprise :
tous les staphylocoques qui étaient autour
de cette moisissure ont disparu. Il décide
alors d'approfondir cet étonnant constat.
Il prélève cette moisissure et la met en culture.
Il s'aperçoit qu'elle produit un liquide capable
de tuer ces terribles microbes :
il venait de découvrir la *pénicilline*.
Il faudra attendre douze ans pour que deux
autres Anglais utilisent cette découverte
qui sauvera de la mort des millions de malades.

Jeux

■ De quel sens s'agit-il ?

Pour découvrir le monde qui nous entoure,
nous utilisons cinq sens : le toucher, le goût,
l'odorat, l'ouïe et la vue. Ils nous permettent
de recevoir des informations et de transmettre
des messages au cerveau.

Voici dix situations. Saurais-tu dire à quel sens
chacune d'elles fait appel ? *(Réponses page 102)*

1. Ce thé n'est pas assez sucré.
2. La voiture fait un drôle de bruit.
3. Ce bouquet de roses embaume toute la pièce.
4. Je n'aime pas la couleur de ce vélo.
5. Louis a de la fièvre, son front est brûlant.
6. Les bébés ont la peau douce.
7. On entendait Louis souffler
de plus en plus.
8. J'ai compris à son regard
qu'il était fâché.
9. Ce parfum lui donne
mal à la tête.
10. Il ajoute toujours
du sel sur son poulet.

97

■ Le caractère de Louis ■

Pour découvrir l'un des traits de caractère de Louis Braille réponds aux questions suivantes. Chaque réponse correspond à une lettre en braille, inscris celle que tu as choisie dans la grille. Déchiffre le mot que tu as trouvé, grâce à l'alphabet donné dans le livre. *(Réponses page 103)*

1. Cette histoire se situe :
- Au XVIIe siècle :
- Au XIXe siècle ::

2. Le père de Louis Braille était :
- Sellier ·.
- Forgeron :

3. Qui donne à Louis ses premières leçons de sciences ?
- Son père ::
- Le curé du village :.

4. A l'âge de dix ans, Louis va à Paris :
- Pour continuer ses études :·
- Pour consulter un médecin :

5. Louis aime jouer :
- Du piano ·.
- Du violon :

6. Le capitaine Barbier se montre froid avec Louis car il le trouve :
- Trop jeune :.
- Trop sûr de lui ::

7. Dans Paris les petits élèves aveugles se dirigent à l'aide :
- D'une corde ·.
- D'un sifflet ::

8. Pour transcrire les lettres de l'alpahbet, Louis utilise :
- Des traits ::
- Des points :·

9. Le Dr Pignier propose à Louis :
- Un poste de professeur ⠄
- Un poste de secrétaire ⠆

10. Quand Louis tombe malade, il souffre :
- De tuberculose ⠒
- De pneumonie ⠄

11. Dès son arrivée, le nouveau directeur de l'Institut :
- Impose l'alphabet de Louis ⠒⠒
- Interdit cet alphabet ⠒

1	2	3	4	5	6	7	8	9	10	11

■ D'autres façons de communiquer ■

Louis Braille a inventé un alphabet qui a permis aux aveugles de lire et écrire. Les sourds-muets utilisent, eux, un langage à base de gestes des mains, pour communiquer.

Mais les handicaps ne sont pas seuls à l'origine de l'invention de nouveaux codes de communication. En voici quelques exemples.

■ Le sémaphore

Employant d'abord les bras d'un homme, puis les ailes d'un "sémaphore", ce code permettait de communiquer à deux personnes éloignées par une distance que couvrait le regard ou une paire de jumelles. Les signaux étaient émis depuis un endroit élevé. Voici comment ces signes ont été stylisés.

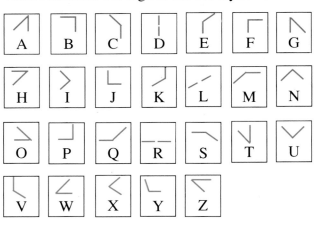

■ Le morse

Le morse est un code qui était employé par les télégraphistes. C'est une suite de signaux électriques courts ou longs qui représentent chacun une lettre ou un chiffre. Le voici :

A •—   M ——   Y —•——

B —•••   N —•   Z ——••

C —•—•   O ———   1 •————

D —••   P •——•   2 ••———

E •   Q ——•—   3 •••——

                            4 ••••—

F ••—•   R •—•   5 •••••

G ——•   S •••   6 —••••

H ••••   T —   7 ——•••

I ••   U ••—   8 ———••

J •———   V •••—   9 ————•

K —•—   W •——   0 —————

L •—••   X —••—

Sauras-tu déchiffrer ces deux phrases ?
(Réponses page 103)

1.

2. —— / ——— / •• / •— / •—• / ••• / ••• / ••

Réponses

Compte les ●, les ▲ et les ■ que tu as obtenus.
- Si tu as plus de ●, tes yeux sont grands ouverts
sur le monde. Tu as le sens de l'observation :
tu retiens l'image des choses et des gens.
Tes yeux sont tes alliés
pour comprendre,
connaître et mémoriser.
- Si tu as plus de ▲,
tu es plutôt un auditif.
Sensible aux bruits,
aux voix, à la musique,
tu fermes facilement les yeux pour écouter.
Tu retiens ce que tu entends, tu as de l'intuition.
- Si tu as plus de ■, tu te sers indifféremment
de ces deux sens, sans en privilégier aucun.
Tu es plus raisonnable qu'intuitif, ce ne sont
ni l'apparence, ni tes rêves qui te mènent,
mais un grand sens pratique.

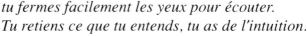

De quel sens s'agit-il ?
Le goût : 1, 10 - L'ouïe : 2, 7 - L'odorat : 3, 9 -
La vue : 4, 8 - Le toucher : 5, 6.

pages 98 et 99

Le caractère de Louis : 1. Au XIXe siècle (P) -
2. Sellier (E) - 3. Le curé du village (R) -
4. Pour continuer ses études (S) -
5. Du piano (E) - 6. Trop jeune (V) - 7. D'une
corde (E) - 8. Des points (R) - 9. Un poste
de professeur (A) - 10. De tuberculose (N) -
11. Interdit cet alphabet (T).
Le mot à découvrir est PERSEVERANT.

page 101

D'autres façons de communiquer :
1. Je suis heureux -
2. Moi aussi.

collection folio cadet

série bleue

Qui a volé les tartes ? Ahlberg
La petite fille aux allumettes, Andersen/Lemoine
Les boîtes de peinture, Aymé/Sabatier
Le chien, Aymé/Sabatier
Le mauvais jars, Aymé/Sabatier
La patte du chat, Aymé/Sabatier
Le problème, Aymé/Sabatier
Les vaches, Aymé/Sabatier
La Belle et la Bête, de Beaumont/Glasauer
Faites des mères ! Faites des pères ! Besson
Clément aplati. Brown/Ross
Le doigt magique, Dahl/Galeron
Il était une fois deux oursons, Johansen/Bhend
Marie-Martin, Mebs/Rotraut Berner
Mystère, Murail/Bloch
Dictionnaire des mots tordus, Pef
Le livre des nattes, Pef
L'ivre de français, Pef
Les belles lisses poires de France, Pef
Contes pour enfants pas sages, Prévert/Henriquez
Les inséparables, Ross/Hafner
Du commerce de la souris, Serres/Lapointe
Le petit humain, Serres/Tonnac

série rouge

Le cheval en pantalon, Ahlberg
Histoire d'un souricureuil, Allan/Blake
Le rossignol de l'empereur..., Andersen/Lemoine
Grabuge et..., de Brissac/Lapointe
Le port englouti, Cassabois/Boucher
Petits contes nègres pour les enfants des blancs, Cendrars/Duhème
Fantastique Maître Renard, Dahl/Ross
Louis Braille, Davidson/Dahan
Thomas et l'infini, Déon/Delessert
Aristide, Friedman/Blake
L'anneau magique de Lavinia, Pitzorno/Bussolati
Rose Blanche, Gallaz/Innocenti
Le poney dans la neige, Gardam/Geldart
L'homme qui plantait..., Giono/Glasauer
Les sorcières, Hawkins
Voyage au pays des arbres, Le Clézio/Galeron
L'enlèvement de la bibliothécaire, Mahy/Blake
Amandine Malabul, Murphy
Amandine Malabul aggrave son cas, Murphy
Pierrot ou les secrets..., Tournier/Bour
Barbedor, Tournier/Lemoine
Comment Wang-Fô fut sauvé, Yourcenar/Lemoine